FACULTÉ DE DROIT DE TOULOUSE.

Acte Public

POUR LA LICENCE.

MARIE ESCUDIER,

IMPRIMEUR-LIBRAIRE, RUE SAINT-ROME, 26.

1835.

4 F
5492

A mes Parens,

Gage d'Amour et de Reconnaissance.

A MES AMIS,

Témoignage de mon sympathique attachement.

Faculté de Droit de Toulouse.

ACTE PUBLIC

POUR LA LICENCE,

En exécution de l'art. 4, tit. 2, de la loi du 22 ventôse, an 12.

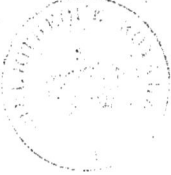

SOUTENU PAR

Caritan (Ernest-François.)

Né à Astaffort (Lot-et-Garonne.)

JUS ROMANUM.

Lib. 1, Tit. 13 et 14.— — *De tutelâ*

Apud Romanos personæ in alieni juris et sui juris devidebantur :
alieni juris, nempè patriæ potestati, [si filii familias; dominicæ si servi,
subjectæ erant : *sui juris* quædam tutelæ aut curationi propter animi

aut ætatis debilitatem subjectæ, quædam neutro jure tenebantur. Tutelæ
locus erat cùm masculus minor quatuordecim annis, vel femina
duodecim, patriâ potestate soluti erant. In prisco tamen jure romano,
feminæ quamvis puberes propter sexûs debilitatem et ignorantiam re-
rum forensium tutelæ subjiciebantur, sed illud tutelæ genus tempore
Justiniani penitùs erat incognitum. A *Servio* rectè definitur tutela : vis
ac potestas in capite libero, ad tuendum eum qui propter ætatem se
defendere nequit, jure civili data ac permissa. Quoad originem spec-
tata tutela est juris gentium, quoad diversas species et civiles
effectus est propria civium romanorum : qui hanc vim et potestatem habent sunt tutores, ex re ipsâ nomen accipiunt ; et jus tutoris
in pupillum minorem septem annis non immeritò vis appellatur,
dùm idem jus in pupillum infantiâ egressum, potestas propriè
vocatur.

Plurimæ in jure romano erant tutelæ species : tutela enim testamento datur, vel à lege solà, vel à magistratu defertur ; inde
tutela est testamentaria, legitima, aut dativa. Nobis solùm de tes-
tamentariâ tractandum. Quare permissum est parentibus qui patriâ
potestate fruuntur, dare testamento tutores filiis filiabusve impu-
beribus in potestate constitutis, et nepotibus et pronepotibus qui
post mortem eorum, in sui patris potestatem non sunt recasuri. Hìc,
sicuti in pluribus aliis casibus, postumi pro jam nati habentur, et
illis testamento tutor dari potest, si modo in eâ causâ sint, ut si
nascerentur, vivis parentibus, *sui* et potestate eorum fierent. His
verbis potest dari tutor, *Lucium meis liberis tutorem do.*

Tutela in favorem pupilli constituta est, atqui sœpè interest se-
cundùm eventus et tempora hunc vel illum tutorem habere ; permissum fuit igitur patri familias qui potest solus optimè judicare
quid sit liberis commodum vel incommodum, illis in testamento
dare tutores ad certum tempus, vel ex certo tempore, vel sub con-
ditione : certæ autem rei vel causæ tutor dari non potest, quià ma-
ximè pupilli personam et res illius per consequentias tantùm spectat
munus tutelare.

Videamus nunc qui tutores dari possint. Cùm tutela munus sit publicum civium romanorum, ideò possunt dari tutores omnes qui publicorum munerum sunt participes : filius igitur familias. Sed sunt qui etsi non subeant munera publica et non sint cives romani , non arcentur tamen à tutelà : in his numerantur 1° Servus testatoris qui accipit libertatem cum tutelà et servus etiam alienus qui utiliter testamento tutor dari potest , *cum liber erit.* 2° Mater quæ potest impetrare à principe juxtà novellam 118 , tutelam liberorum vel nepotum , etiam ante agnatos , dùm nuptiis aliis renunciet. — Notandum denique furiosum vel minorem viginti quinque annis tutores dari posse ; sed tutelam non gerent nisi alter compos mentis, alter major viginti quinque annis facti fuerint.

CODE CIVIL.

Liv. iii , Tit. ii. — *Donations entre vifs et testamens.*

De la forme des donations entre-vifs.

Il est des choses que l'on peut donner, sans qu'il soit besoin de le constater par écrit. Ce sont les choses mobiliaires; pour elles la simple tradition suffit ; mais il n'en est pas de même pour la donation d'immeubles ou de meubles non suivie de tradition , la loi exige un écrit qui serve à établir l'existence de la donation : cet écrit doit être passé devant notaire et il doit en rester minute à peine de nullité; cet acte ne produit son effet que lorsque le donataire a accepté formellement, soit dans l'acte même de donation , soit par acte séparé, par lui-même ou par un fondé de pouvoir porteur d'une procuration expresse et authentique. L'acte de donation d'immeubles doit être transcrite au bureau des hypothèques , dans l'arrondissement duquel les biens sont situés : le défaut de transcription peut être opposé au donataire négligent par toutes personnes ayant intérêt, excepté toutefois celles qui étaient chargées de faire faire la transcription, ou leurs ayant-cause et le donateur. Ainsi la propriété des immeubles n'est acquise à l'égard des tiers que par la formalité de la transcription. L'acte de donation de meubles lorsqu'il n'y a pas de tradition serait nul, s'il ne renfermait un état estimatif des meubles donnés, ou s'il n'était suivi d'un pareil état signé du donateur et du donataire ou de celui qui accepte pour lui.

La donation ne peut comprendre que les biens présens ; si on voulait l'étendre aux biens à venir , elle serait nulle à cet égard ; elle serait encore nulle si elle était faite sous des conditions qui dépendraient de la seule volonté du testateur, mais il peut faire à son profit ou au profit d'un tiers la réserve de la jouissance des biens qu'il donne ; il peut stipuler encore, mais en sa faveur seulement , le droit de retour , dont l'effet est de résoudre toutes les aliénations des biens donnés et de les faire revenir au donateur francs et quittes de toutes charges et hypothèques.

Si le donateur ne peut par sa seule volonté révoquer une donation entre-vifs , la loi vient à son aide lorsqu'il a lieu de se repentir de sa libéralité , elle en prononce elle-même la révocation , ou elle autorise la justice à la prononcer. Une donation est révoquée de plein droit pour cause de survenance d'enfans, et les tribunaux peuvent l'ordonner pour cause d'ingratitude et pour inexécution des conditions imposées au donataire. L'effet de la révocation d'une donation pour cause d'inexécution des conditions est de remettre les choses dans l'état où elles étaient avant la donation ; les biens rentrent dans les mains du donateur, libres de toutes charges et hypothèques ; il a contre les tiers détenteurs tous les droits qu'il aurait contre le donataire lui-même , mais cette disposition n'est point applicable aux tiers acquéreurs de meubles provenant d'une donation mobiliaire révoquée, parce qu'en fait de meubles la possession vaut titre.

Pour ne rien laisser à l'arbitraire , le législateur a précisé dans l'art. 955 les trois cas où une donation pouvait être révoquée pour cause d'ingratitude. La demande en révocation pour un pareil motif doit être formée dans l'année, à compter du jour du délit imputé au donataire , ou du jour que le délit aura pu être connu du dona- teur; la prescription court également contre les héritiers du dona- teur : cette action ne peut être intentée contre les héritiers du donataire, parce que la mort du coupable anéantit le délit. Cette révocation ne préjudicie pour rien aux tiers , elle a pour effet de donner au donateur une action contre le donataire pour le forcer à restituer la valeur des biens aliénés. Les donations en faveur de mariage ne sont pas révocables pour cause d'ingratitude.

La survenance d'un enfant légitime au donateur , ou la reconnais- sance d'un enfant naturel par mariage subséquent, s'il est né depuis la donation , donne lieu à la révocation toutes les fois que le donateur n'a- vait pas d'enfant actuellement vivant au moment de la donation ; cette disposition reçoit son application lors même que l'enfant ne naît qu'a- près la mort de son père. La rigueur de la loi s'étend à toute espèce de donations, encore qu'elles soient mutuelles ou rémunératoires ou faites en faveur du mariage , par autres que par les ascendans aux con- joints , ou par les conjoints l'un à l'autre ; mais la survenance d'enfans n'opérerait pas la révocation d'un don manuel. Pour pro- fiter du bienfait de cette révocation , le donateur n'a qu'à notifier au donataire la naissance de l'enfant, ou sa légitimation ; il peut aussi , si cela lui convient, laisser le donataire en possession des biens donnés, mais celui-ci ne pourra opposer la prescription qu'après une pos- session de 30 années, à compter de la naissance du dernier enfant même posthume , et ce sans préjudice des interruptions telles que de droit. Les donations ainsi révoquées ne peuvent revivre ni par la mort de l'enfant, ni par aucun acte confirmatif. On ne peut renoncer d'avance à la révocation d'une donation pour cause de survenance d'enfans. L'effet de cette révocation est de faire rentrer les biens compris dans la donation révoquée , dans le patrimoine du donateur , libres de toutes charges et hypothèques du chef du donataire.

Règles générales sur la forme des Testamens.

On entend par testament un acte par lequel le testateur dispose, pour un temps où il ne sera plus, de tout ou partie de ses biens, et qu'il peut révoquer : toute personne peut disposer par testament, soit sous le titre d'institution d'héritier , soit sous le titre de legs ou de toute autre manière propre à manifester sa volonté ; mais deux ou plusieurs personnes ne pourraient faire leur testament dans le même acte. La loi reconnaît plusieurs sortes de testamens : 1° le testament olographe qui est un acte sous seing-privé pour lequel il suffit au testateur de savoir écrire, puisque les seules formalités auxquelles il est soumis sont d'être écrit , daté et signé de la main du testateur ; 2° le testament public , retenu par un notaire en présence de quatre témoins, ou par deux notaires en présence de deux témoins; il doit être dicté par le testateur, écrit par le notaire et lu ensuite par celui-ci au testateur en présence des témoins qui le signent, ainsi que le testateur et le notaire; il est fait du tout mention expresse. Pour concourir à cet acte les témoins doivent être capables , leur incapacité peut provenir d'un défaut physique ou de la disposition de la loi ; 3° le testament mystique ou secret , est celui que le testateur écrit lui-même , ou qu'il fait écrire par une main étrangère , et qu'il présente ensuite au notaire et à six témoins , clos et scellé, ou qu'il fait clore et sceller en leur présence : le notaire en dresse ensuite l'acte de suscription qui est signé sur ce papier ou sur la feuille qui lui sert d'enveloppe, par le testateur , les témoins et le notaire. Les personnes qui ne savent pas lire ne peuvent faire un pareil testament : mais il en est différemment , si sachant lire, elles ne peuvent ou

ne savent signer ; il doit être appelé alors sept témoins au lieu de
six. Si le testateur ne peut manifester sa volonté que par écrit , il
pourra faire un testament mystique , à la charge qu'il sera en entier
écrit et signé de sa main; un pareil testament qui ne pourrait valoir
comme mystique , à raison de l'inobservation de certaines formalités,
produirait son effet comme olographe; 4° la loi reconnaît encore le
testament militaire , le testament fait en temps de peste ou toute
autre maladie contagieuse , le testament fait sur mer dans le cours
d'un voyage : les formalités prescrites pour ces divers testamens sont
énumérées dans le Code, à partir de l'art. 981 jusques et y compris
l'art. 1001.

Des legs.

On donne le nom de legs en général à toute donation faite par
testament ; peu importe que le testateur se serve du mot legs , ou
institution d'héritier, ou de toute autre dénomination. Si la disposition testamentaire embrasse la totalité du disponible, le legs est universel ; si elle embrasse une partie aliquote de ce même disponible,
il est à titre universel ; il prend enfin le nom de legs particulier
quand la disposition n'embrasse qu'un objet particulier des biens du
testateur. Dans le cas de legs universel , s'il n'y a pas d'héritiers à
réserve au décès du testateur , le légataire est saisi de plein droit de
tous les biens de la succession , sauf cependant à se faire envoyer
en possession par une ordonnance du président du tribunal de première instance du lieu où la succession est ouverte , dans le cas où
le testament est olographe ou mystique. Si le testateur a des héritiers à réserve, c'est à eux que le légataire doit s'adresser pour obte-
nir la délivrance des biens compris dans le testament; il en a la
jouissance à compter du jour de la mort du testateur, s'il fait sa
demande dans l'année ; dans le cas contraire, la jouissance ne com-
mence que du jour de la demande en justice. Le légataire à titre
universel et le légataire à titre particulier sont aussi tenus de deman-

der la délivrance de leurs legs , mais ce dernier ne peut réclamer les fruits de la chose léguée qu'à compter du jour de l'interpellation judiciaire , sauf les exceptions mentionnées dans l'art. 1015. Les frais de la demande en délivrance d'un legs particulier sont à la charge de la succession.

Le légataire universel et le légataire à titre universel sont tenus des dettes et charges du testateur , personnellement pour leur part et portion et hypothécairement pour le tout. Le légataire à titre particulier n'est pas tenu des mêmes dettes , sauf la réduction du legs s'il excédait la quotité disponible , et l'action hypothécaire que les créanciers peuvent avoir sur l'objet légué ; car si celui qui doit acquitter le legs est obligé de délivrer la chose léguée avec tous les accessoires nécessaires , il n'est pas tenu cependant de la dégager des hypothèques dont elle peut être grevée.

A la différence du droit romain , notre Code dispose que le legs de la chose d'autrui est toujours nul ; il n'en est pas de même du legs d'une chose indéterminée. Pour acquitter une pareille donation, l'héritier ne sera pas obligé de donner une chose de la meilleure qualité, mais il ne pourra l'offrir de la plus mauvaise.

Des exécuteurs testamentaires.

Le testateur peut charger une ou plusieurs personnes de veiller à l'exécution de ses dernières volontés; ces personnes se nomment exécuteurs testamentaires. Le testateur a la faculté de donner à ces exécuteurs la saisine de la totalité ou d'une partie du mobilier de la succession, mais elle ne peut durer au-delà d'un an et un jour à compter du décès. Cette saisine a pour effet d'assurer le paiement des legs mobiliers; l'héritier peut donc la faire cesser en remettant aux exécuteurs testamentaires les sommes nécessaires pour l'acquittement de ces legs : les fonctions de ces personnes sont de veiller à l'exécution du testament, de faire apposer les scellés, faire dresser l'inventaire des biens de la succession, et de provoquer la vente du mobilier. Les exécuteurs testamentaires sont soumis à la charge de rendre compte de leur gestion à l'expiration de l'année du décès ; on doit leur allouer tous les frais par eux légitimement faits. Puique ces charges sont soumises à des obligations, le législateur a dû en écarter tous ceux qui ne peuvent s'obliger ; ainsi ne peuvent être exécuteurs testamentaires, les mineurs même avec l'autorisation de leurs tuteurs ou curateurs. Quant à la femme mariée, si elle est mariée en communauté, elle ne peut accepter les fonctions d'exécuteur testamentaire sans le consentement de son mari ; si elle est séparée de biens, elle peut, sur le refus de son mari, se faire autoriser par la justice.

De la révocation des testamens et de leur caducité.

La révocation d'un testament peut avoir lieu, par la volonté du testateur qui peut être expresse ou tacite. Elle est expresse lorsqu'elle est faite par un testament postérieur ou par un acte devant notaire portant changement de volonté. La révocation est tacite lorsque le testament postérieur contient des dispositions incompatibles avec les dispositions d'un testament antérieur, suivant le principe *posteriora derogant prioribus* : mais cette disposition ne s'applique pas aux autres dispositions du testament antérieur. La révocation tacite existe encore lorsque le testateur a aliéné, même à faculté de rachat, la totalité ou une partie de la chose léguée : cette vente emporte révocation du legs pour tout ce qui a été aliéné, lors même que l'aliénation serait nulle. Enfin, la révocation a lieu en vertu d'une disposition expresse de la loi et sur la demande des parties si le légataire a attenté à la vie du testateur, s'il s'est rendu coupable envers lui de sévices, de délits ou injures graves : elle a lieu encore pour inexécution des charges et conditions.

Toute disposition testamentaire sera caduque, si celui en faveur de qui elle est faite décède avant le testateur ; la raison en est que le legs est fait au légataire lui-même et non en faveur de ses héri-

2

tiers; il en sera de même, si l'héritier institué ou le légataire répudie l'institution ou le legs, ou se trouve incapable de le recueillir. Il y a encore caducité si la chose périt totalement pendant la vie du testateur, ou si elle périt après sa mort sans le fait ou la faute de l'héritier, ou si elle eût dû périr également entre les mains du légataire. Il y a enfin caducité lorsqu'il s'agit d'une disposition testamentaire faite sous condition suspensive, et que le légataire décède avant l'accomplissement de la condition.

La caducité du legs profite à celui qui aurait dû le payer, et si le legs est fait à plusieurs conjointement, il y a lieu à accroissement.

CODE DE PROCÉDURE.

Liv. 2, Tit. 13 et 16. — *Descente sur les lieux, incidens.*

Dans tout procès, le législateur a eu pour but de fournir aux parties et aux juges tous les moyens propres à découvrir la vérité. Comme il est des cas où l'inspection des lieux peut fournir au magistrat des preuves matérielles que les localités conservent et que les témoins sont inhabiles à constater, la loi a donné aux juges la faculté d'ordonner d'office la descente sur les lieux, toutes les fois qu'ils le jugeront nécessaire; ils pourront l'ordonner sur la réquisition de l'une ou l'autre des parties dans le cas où elle n'aura pour but que de suppléer à l'inobservation des experts.

Les formalités de cette voie d'instruction sont aussi simples qu'économiques; elles consistent, dans la nomination d'un juge-commissaire que l'on choisit parmi les juges qui ont concouru à ordonner la descente; dans l'ordonnance de ce juge-commissaire rendue sur requête de la partie la plus diligente, et qui fixe les lieux, jour et heure de la descente; dans le procès verbal du juge-commissaire, la signification de ce procès-verbal faite encore par la partie la plus diligente, qui trois jours après peut poursuivre l'audience sur un simple acte. C'est la partie requérante qui doit faire l'avance des frais de transport, en les consignant au greffe. Le ministère public n'est tenu d'assister à la descente que lorsqu'il procède dans les qualités de demandeur, défendeur ou d'intervenant.

Des incidens.

Les demandes incidentes sont celles qui viennent accessoirement à la demande principale qui fait le sujet du procès, et qui sont de nature à pouvoir être jugées avant la décision du fond. Ces demandes sont formées par un simple acte contenant les moyens et les conclusions, avec offre de communiquer les pièces qui leur servent d'appui. Le défendeur à l'incident donnera sa réponse dans la même forme, sous peine de ne pouvoir répéter ses frais : le demandeur devra sous la même peine former à la fois toutes les demandes incidentes dont les causes sont actuellement existantes., Si l'incident offre à décider une question dont la solution ne laissera plus rien à juger sur le fond, quel que soit le genre d'instruction de la demande principale, c'est toujours à l'audience qu'il faut porter la demande incidente ; et alors le tribunal jugera l'incident sur le champ, ou le joindra au fond pour y être statué en définitif par le même jugement.

De l'intervention.

On distingue deux sortes d'intervention, la passive, et l'active. La première a lieu lorsqu'un tiers est appelé dans un procès déjà existant entre d'autres individus ; la deuxième a lieu, lorsque ce tiers veut y intervenir de son chef ; c'est de cette dernière que s'occupe ici le législateur. Le demandeur en intervention doit former sa demande par requête contenant ses moyens et ses conclusions ; la notification en est faite aux avoués déjà constitués., avec copie des pièces justificatives. Par l'intervention, un tiers ne peut venir retarder le jugement de la cause principale; si elle est en état, le procès est jugé malgré l'intervention; dans les affaires où il aura été ordonné une instruction par écrit, si l'intervention est contestée par l'une des parties, la partie la plus diligente poursuit l'audience sur un simple acte pour faire juger incidemment la question; si l'intervention n'est pas contestée, l'intervenant produit sa requête et ses pièces justificatives entre les mains du rapporteur qui fait alors son rapport sur le principal et sur l'incident.

<hr />

CODE DE COMMERCE.

Liv. 1, Tit. 1. — *Des Commerçans.*

L'homme est soumis à des besoins qui varient à l'infini, et ses moyens pour le satisfaire sont faibles et bornés. La civilisation en venant développer ses facultés, vient ajouter aussi à ses besoins naturels; elle lui en crée de relatifs et lui fait sentir toute la faiblesse et l'impuissance de l'être isolé. De là, la nécessité d'association et de relations mutuelles qui embrassent les diverses négociations, qui ont pour objet d'opérer ou de faciliter entre peuples et individus, les échanges des fruits de la terre ou des produits de l'industrie. Ce sont ces diverses négociations qui constituent le commerce, que l'on peut définir, *tout trafic ou négoce d'argent ou de marchandises en gros ou en détail.* On nomme commerçans ceux qui exercent des actes de commerce et qui en font leur profession habituelle; car un acte de commerce, plusieurs même isolés, quoique soumettant leur auteur à la juridiction commerciale, ne suffisent pas cependant pour constituer un commerçant. Il arrive aussi que l'on est réputé com-

merçant sans faire habituellement des actes de commerce, lorsque
l'on annonce, par des affiches, par une enseigne, en se soumettant
à la patente, ou de toute autre manière, que l'on a l'intention de faire
un commerce quelconque : un pareil établissement ne peut jamais
être une chose fugitive et d'occasion, il présente son auteur comme
habituellement disposé à agir. L'expression générique de commerçant
comprend les négocians, marchands, fabricans, banquiers, etc. ;
mais elle ne comprend pas la dénomination d'artisan. L'artisan est
en général celui qui confectionne pour les consommateurs qui lui
ont commandé, et dont le travail est plus cher que la matière qu'il
fournit.

Actes de Commerce.

Parmi les actes qui ont le commerce pour objet, quelques-uns
sont réputés actes de commerce par leur nature, d'autres par une
présomption tirée de la qualité des contractans. Sont actes commerciaux *par leur nature* : 1º tout achat de denrées et marchandises pour les revendre, soit en nature, soit après les avoir travaillées
et mises en œuvre, ou même pour en louer simplement l'usage.
L'achat doit avoir pour objet des denrées ou marchandises; les choses
mobiliaires sont seules susceptibles d'être l'objet de négociations commerciales. Un achat d'immeubles, fait même dans l'intention de les
revendre, serait une opération civile ; 2º toute entreprise de manu-
factures ou de travaux; 3º toute entreprise de commission ayant pour
objet l'achat, la vente, ou les négociations d'effets commerciaux ;
4º toute entreprise de transport par terre ou par eau, de personnes
ou marchandises, etc.; 5º toute entreprise de fournitures, soit pour
particuliers, soit pour des établissemens publics, soit pour le gou-
vernement, pourvu que les denrées fournies par l'entrepreneur ne
soient pas recueillies sur ses domaines ; 6º toute entreprise de bureaux,
d'agences, de correspondance générale, d'établissemens, de ventes à
l'encan, de spectacles publics; 7º toute opération de change, soit change

manuale, soit change *mercantile*, toutes opérations de courtage, de banques-privées ou publiques ; 8° les lettres de change ou remises d'argent faites de place en place.

Sont actes de commerce, *par la qualité des parties contractantes* : toutes opérations entre négocians, marchands, et banquiers, encore qu'un seul des contractans soit commerçant ; les billets souscrits par les receveurs, payeurs, percepteurs et autres comptables des deniers publics. Les billets souscrits par un commerçant sont censés faits pour son commerce, ceux des comptables pour leur gestion, à moins qu'une autre cause n'y soit énoncée.

Des Personnes qui peuvent faire le commerce.

Toutes les personnes qui sont capables de s'obliger peuvent faire le commerce, telle est la règle générale ; mais l'intérêt particulier du commerce, des raisons d'honnêteté publique, d'ordre social, ont fait admettre deux exceptions à ce principe : la première exception comprend les personnes capables de s'obliger, à qui cependant le commerce est interdit ; ce sont les magistrats, les avocats, les ecclésiastiques, les militaires, préfets, agens diplomatiques et commerciaux, les courtiers, les agens de change, etc. Les engagemens commerciaux, contractés par ces personnes, ne seraient pas nuls ; mais les autorités compétentes, ou les personnes intéressées pourraient provoquer contre eux l'application des peines portées par la loi.

La deuxième exception comprend les personnes qui, incapables de contracter des obligations civiles, peuvent cependant faire le commerce par un bénéfice spécial de la loi. Ces personnes sont, le mineur et la femme mariée. Les mineurs de l'un et de l'autre sexe, qui voudraient faire le commerce, doivent : 1° être émancipés ; 2° être âgés de 18 ans accomplis ; 3° être autorisés par leur père ou par leur mère, à défaut des deux, par une délibération du conseil de famille, homologuée par le tribunal ; 4° enfin, il faut que l'acte d'autorisation ait été enregistré et affiché au tribunal de commerce du lieu où le mineur veut établir son domicile. Ces formalités remplies, le mineur commerçant est réputé majeur pour tous les actes de son commerce : il peut engager et hypothéquer les immeubles, les aliéner même en suivant certaines formalités.

La femme mariée ne peut être marchande publique sans l'autorisation de son mari ; le mari peut refuser cette autorisation, qui peut aussi être tacite de sa part. En outre, la femme mariée mineure doit remplir toutes les formalités exigées pour les mineurs, sauf l'émancipation qui lui a été conférée par le mariage. Après avoir rempli ces formalités, la femme est réputée marchande publique si elle fait un commerce séparé, ou si elle a, dans le commerce de son mari, des droits et des intérêts distincts ; elle ne serait pas marchande publique si elle ne faisait que détailler les marchandises du commerce de son mari. La femme marchande publique est indépendante du pouvoir marital, pour tout ce qui concerne les opérations commerciales ; elle peut hypothéquer, aliéner ses immeubles : si elle est mariée sous le régime dotal, elle ne jouit de cette faculté que pour les biens paraphernaux. Quand les époux sont soumis au régime de la communauté, comme tous les bénéfices du commerce de la femme entrent dans la communauté, les engagemens de la femme obligent le mari solidairement.

———————

Cette thèse sera soutenue le 10 août 1835, à 10 heures du matin.

Vu par le Président de la Thèse,

MALPEL.

Toulouse. — Imdrimerie de Marie ESCUDIER, rue St-Rome, n° 26.